La famille ROYALE

*À Véro,
médaille d'or des Jeux olympiques familiaux d'hiver!
C. M.*

© Éditions Gallimard Jeunesse, 2016, pour le texte et les illustrations

Christophe Mauri

La famille ROYALE

Objectif médaille d'or

Illustré par Aurore Damant

Gallimard Jeunesse

Cache-cache en hélico

Au château du centre-ville, papa et maman ont horreur de porter la couronne. Du coup, ils sont roi et reine à mi-temps. Le grand échange de couronne a lieu le lundi matin. Au château, on raffole de cette petite cérémonie : on dirait une partie de cache-cache géante entre papa et maman.

– Qui va porter la couronne, déjà, cette semaine ? m'a demandé Louis-Junior au petit déjeuner.

– C'est au tour de papa, j'ai répondu en bâillant.

– Oh, chouette ! Il va y avoir des catastrophes.

La double porte du salon a claqué et papa a déboulé en trombe, une paire de jumelles passée autour du cou. Il portait un short de bain et des sandales de plage, en plein hiver !

– Bonjour, les enfants ! il a crié en fonçant jusqu'au balcon royal. Je suis extrêmement pressé.

Quand papa est extrêmement pressé, c'est que maman est à ses trousses pour lui enfoncer la couronne sur la tête.

– Tu vas te cacher sur le balcon, papa ? l'a interrogé Louis-Junior.

– Sur le balcon ? il s'est offusqué. J'attends l'hélicoptère royal qui va venir me chercher d'une seconde à l'autre et me déposer sur une île déserte. Votre mère pourra toujours me chercher sous la table du salon !

Louis-Junior et moi avons applaudi à cette annonce, avant de bondir jusqu'aux fenêtres pour guetter l'apparition de l'hélicoptère.

– Le voilà ! je me suis écriée en montrant un petit point doré à l'horizon.

Papa a souri en passant le bras autour de nos épaules.

– Vous savez ce qu'il y a au programme cette semaine, les enfants ?

– Les Jeux olympiques royaux d'hiver ! on a répondu en chœur avec Louis-Junior.

– Exactement ! Les Jeux olympiques royaux d'hiver ! a grimacé papa. L'événement le plus ennuyeux de l'année pour un roi : des discours à dormir debout, des repas interminables et, bien sûr, des heures à se geler la couronne pour encourager des imbéciles ! Eh bien, c'est votre mère qui se chargera de cette corvée. Moi, je bronzerai sur mon île déserte !

Et papa a braqué ses jumelles sur l'hélicoptère. C'est alors qu'il a viré au rouge.

– Mille tonnerres de sceptre ! il s'est étranglé. Votre mère est aux commandes de l'appareil !

– Vite, papa ! Cache-toi ! on l'a encouragé.

Ç'a été la débandade. Papa a plongé sous la table, tandis que l'hélicoptère soufflait une énorme tempête à travers le salon. Une bourrasque a balayé la nappe et les rideaux.

– Je suis perdu ! a crié papa.

Il a voulu se cacher sous sa cape, mais il était trop tard. Maman a franchi la porte

du balcon, ses lunettes d'aviateur sur le nez et la couronne sur le front.

– Oh, mon chéri ! elle a soupiré en soulevant la cape rouge de papa. Tu m'as habituée à de meilleures cachettes !

Voilà comment papa s'est retrouvé, en short de bain, la couronne plantée sur la tête.

– Enfilez vos moufles et vos bonnets ! a claironné maman. Nous partons aux Jeux olympiques royaux d'hiver !

Papa oublie sa promesse

C'est le royaume d'à côté qui a raflé toutes les médailles, lors des derniers Jeux olympiques. Du coup, quand nous avons survolé le château en hélicoptère, la foule avait envahi la place du centre-ville pour nous encourager. Au poste de pilotage, maman a mis le cap sur le royaume organisateur.

– On va gagner combien de médailles, à votre avis? a demandé Louis-Junior, emmitouflé dans son anorak.

– Zéro! a grogné papa dans son émetteur radio. Comme d'habitude, nos sportifs vont nous ridiculiser devant le monde entier… et je vais passer mon temps à applaudir le royaume d'à côté !

À ces mots, un profond silence s'est fait dans la cabine de l'hélico.

– Papa, j'ai murmuré sans oser y croire, tu n'as pas oublié ta promesse ?

Il nous a dévisagés, l'air étonné.

– Ma promesse ? C'est que j'en fais tellement ! Qu'est-ce que j'ai encore promis ?

Les sourcils dorés de maman ont viré au noir. Elle a sifflé, d'une traite, en montant à travers les nuages :

– Après la victoire du royaume d'à côté aux Jeux d'été, tu as décidé de changer les règles olympiques ! Et tu as promis qu'à partir des prochains Jeux d'hiver, les familles royales participeraient elles-mêmes aux épreuves. C'est nous qui allons disputer ces jeux. Tu n'as pas pu oublier une chose pareille ?

Mais papa l'avait oubliée. Il était si surpris qu'il a bondi sur son fauteuil et s'est cogné le crâne au plafond, où la couronne royale est restée plantée.

– J'ai promis quoi ? il a bredouillé. De participer moi-même aux épreuves ? Mais je n'ai jamais chaussé une paire de skis !

– Oh, non ! a chouiné Louis-Junior. On va encore finir dernier.

Et il a réclamé Bozzo, son éléphant en peluche grandeur nature, qui se balançait sous l'hélicoptère, retenu par un câble.

– Tu auras Bozzo dès que nous serons arrivés, mon chéri, a soupiré maman en nous montrant le château olympique, au sommet d'une montagne blanche. Parés pour l'atterrissage ?

Soudain, la couronne est tombée du plafond sur la tête de papa.

– Je sens que ça va être une excellente semaine ! il a râlé.

La couronne pour tous

Ce soir-là, dans notre petit chalet, papa n'a pas été le seul à recevoir une couronne sur la tête. Louis-Junior et moi avons flairé le danger quand maman a sorti trois petits paquets de nos bagages. C'étaient les couronnes de toute la famille, pour la cérémonie d'ouverture des Jeux !

– Oh, non ! a hurlé Louis-Junior. Pas la couronne ! Ça va encore me recoiffer les épis !

– Pas la couronne, maman ! j'ai renchéri.

– Une fois par an, vous pouvez tout de même faire un effort ! a dit papa.

Mais avec Louis-Junior, on n'avait aucune envie de faire un effort. Alors on a fondu sur la porte du chalet. Mais, bien sûr, elle était verrouillée à double tour. Papa et maman nous ont regardés avec attendrissement.

– Qu'ils sont mignons ! a dit papa.

– De vrais amateurs ! a approuvé maman.

Mais nous n'avions pas dit notre dernier mot.

– Bozzo ! je me suis écriée.

L'éléphant en peluche montait la garde devant le chalet : sa grosse tête grise atteignait la fenêtre la plus proche. Ni une ni deux, nous l'avons ouverte avant de glisser sur la trompe de Bozzo, pour nous enfuir entre les sapins.

– Tonnerre de sceptre ! a rugi papa. Les enfants s'échappent !

– Ils n'iront pas loin, a prédit maman en chaussant ses skis.

Et, une minute plus tard, elle nous ramenait au chalet sous les applaudissements de papa.

– J'ai l'air d'une vraie princesse, avec ma couronne ! j'ai râlé en me regardant dans la glace.

– Et moi, je ressemble à Hubert-Grand-Papa, a chouiné Louis-Junior.

– Allez ! a dit maman en sortant son téléphone pour nous prendre en photo. Faites un beau sourire pour votre grand-mère ! Pour une fois que vous portez la couronne, ça lui fera plaisir !

Papa a cessé d'applaudir quand nous avons pris la route du château olympique.

— C'est parti pour la soirée la plus ennuyeuse de l'année, les enfants : la cérémonie d'ouverture des Jeux royaux d'hiver !

Mais la cérémonie n'a pas été si ennuyeuse. Il faut dire qu'on a fait forte impression pendant le défilé des familles royales, surtout papa, avec son short de bain et ses manches courtes.

La famille du royaume d'à côté paradait juste devant nous, la tête ornée de diadèmes de glace. Comme dit papa, le roi George et la reine Georgina aiment tellement leur couronne qu'ils dorment avec.

— Toujours un coup d'avance, pas vrai ? a dit le roi George en lorgnant le short de papa. Vous êtes prêt pour les Jeux royaux d'été !

— Pas besoin de tenue d'hiver, mon

vieux George ! a répondu papa en faisant claquer sa cape rouge. De toute ma vie de skieur, je ne suis jamais tombé !

Tout le monde a été épaté ; même les épouvantables princesses Georgette 1 et Georgette 2 ont posé un regard admiratif sur les manches courtes de papa.

– Très bien, a grogné le roi George. Espérons que votre première chute n'aura pas lieu demain, devant le monde entier, pendant l'épreuve olympique… de saut à skis !

— Le saut à skis ? a chuchoté papa avec inquiétude. Qu'est-ce que c'est que ça, les enfants ?

— Trois fois rien, a dit maman avec assurance. Une petite bosse, pas plus haute qu'une peluche, qu'il faut sauter à skis. Celui qui retombe le plus loin remporte la médaille d'or.

— Si ce n'est pas plus haut qu'une peluche, ça devrait aller, a dit papa d'un air confiant, en s'appuyant contre Bozzo.

Papa champion de ski

Le lendemain matin, papa n'a même pas râlé en enfilant la couronne royale.

– Les enfants, il a dit, la première épreuve olympique a lieu cet après-midi. D'ici là, je compte sur vous pour faire de moi un vrai champion !

Avec Louis-Junior, on a fait la course pour chausser nos skis. Papa avait l'air drôlement fier de nous suivre entre les sapins.

Nous lui avons trouvé une petite bosse, tout en bas d'une pente minuscule, pour qu'il puisse s'entraîner.

– Tu crois que ça ressemble à ça, un

tremplin olympique ? j'ai demandé à Louis-Junior.

Il a haussé les épaules avant de foncer droit sur l'obstacle.

– Regarde-moi bien, papa ! il a lancé.

En haut de la piste, les genoux tremblants, papa s'est épongé le front.

– Tu vas y arriver ! j'ai dit pour l'encourager. Tu n'as qu'à imaginer que grand-mère est à tes trousses.

En entendant ça, papa s'est tout de suite rebiffé.

– Ma petite fleur de lys, il a dit en bombant le torse, je ne suis jamais tombé à skis… et ce n'est pas aujourd'hui que ça va commencer !

Alors il a filé tout droit vers la bosse. J'ai passé mes moufles devant mes yeux… mais il a atterri victorieusement, trente centimètres derrière l'obstacle.

– Oh ! chouette ! s'est émerveillé Louis-Junior. Tu vas gagner la médaille d'or !

Papa a semblé d'excellente humeur.

– C'est facile comme tout, le ski ! il a dit. Un vrai jeu d'enfant !

Et il n'a plus cessé de remonter et de descendre la petite pente. Nous sautions la bosse chacun notre tour. Papa, fier comme un sceptre, a même fini par nous donner des conseils, parce qu'il sautait plus loin que nous.

Quand l'heure de la grande épreuve est arrivée, plus personne ne tenait en place au chalet.

Papa se préparait dans la salle de bains depuis presque une heure. Quand il en est sorti, nous avons tous écarquillé les yeux.

– Tu ne comptes pas mettre cette tenue de plage pour la compétition ? s'est offusquée maman.

– Bien sûr que si ! a répondu papa. Pourquoi mourir de chaud dans une affreuse

combinaison, alors que je ne suis jamais tombé à skis de toute ma vie ?

Et nous avons rejoint le château olympique, perché au sommet de la plus haute montagne.

– J'ai hâte de voir la tête du roi George quand on me passera la médaille autour du cou ! a dit papa en saluant la foule de la main.

L'épreuve du sot à skis

Mais c'est papa qui a fait une drôle de tête, quand il a vu la famille royale d'à côté. L'air victorieux, le roi George paradait lui aussi dans une tenue de plage.

– Il t'a copié ! on s'est écrié avec Louis-Junior.

– Ne vous inquiétez pas, a dit papa avec assurance. Le roi George peut imiter mon style, il y a une chose qu'il ne pourra pas copier : ma médaille d'or olympique !

Alors on a acclamé papa aussi fort que possible, pendant que les princesses Georgette 1 et 2 encourageaient leur père. Dans la foule, tout au long de la montagne, les flashs crépitaient sur les shorts de bain. Même maman a sorti son téléphone pour filmer la descente de papa.

– C'est un moment historique, les enfants ! elle a chuchoté en nous entraînant derrière les filets de sécurité.

Les trompettes olympiques ont enfin retenti, annonçant le début de l'épreuve. Au sommet de la montagne, papa a écarté les autres rois avec orgueil.

– Montrez-moi cette bosselette de rien du tout, et qu'on en finisse ! il a dit.

Au milieu des sapins, la foule entière murmurait d'admiration. Papa était si sûr de lui qu'il s'est élancé sur la piste sans même jeter un coup d'œil à la bosse.

C'est au milieu de la descente qu'il l'a aperçue.

– TONNERRE DE SCEPTRE ! il a hurlé. Qu'est-ce que c'est que ÇA ?

ÇA, c'était la bosse olympique. La piste ressemblait à une autoroute de glace

verticale. Et tout au bout, un toboggan neigeux se jetait dans le vide.

– Je ne sais pas m'arrêter ! a braillé papa en passant devant nous. Un parachute ! Donnez-moi un parachute, les enfants !

La bosse n'était plus qu'à quelques mètres, quand Louis-Junior s'est exclamé gaiement :

– Vas-y, papa, montre au roi George qui est le plus fort !

Alors j'ai crié à mon tour :

– Tu peux y arriver, papa !

Même maman s'y est mise :

– Tu vas nous rapporter la médaille d'or, mon chéri !

Alors papa s'est métamorphosé. Un fin sourire s'est dessiné sur ses lèvres bleues. Son regard s'est concentré sur la bosse : il a fléchi les genoux et écarté les bras, sa cape flottant derrière lui comme une traînée rouge.

– Je ne suis jamais tombé, il a dit courageusement, et ce n'est pas aujourd'hui que ça va commencer, croyez-moi !

Mais ça a commencé aujourd'hui.

Papa s'est envolé, s'est retourné en plein vol, puis s'est écrasé au milieu des sapins comme un hélicoptère hors de contrôle. Une petite avalanche s'est chargée de le raccompagner en bas de la piste. Au sommet, le roi George s'est frotté les mains.

– À mon tour ! il a dit en s'élançant comme une flèche.

Et en effet, ç'a été son tour : le cordon de son short s'est pris dans une boucle de sa

chaussure de ski. Avant même d'atteindre la bosse, le roi George a perdu son maillot de bain et s'est aplati contre la neige.

Malgré la défaite, papa était d'excellente humeur quand nous sommes rentrés au chalet. Bien sûr, il était arrivé avant-dernier de l'épreuve, mais c'était tout de même une place de mieux que le roi George.
– C'est la plus belle chute de ma vie! il s'est félicité, les pieds devant la cheminée, en regardant la vidéo sur le téléphone de maman.

Soudain, le visage de grand-mère est apparu sur le petit écran.
– Elle veut sûrement prendre de mes nouvelles! a dit papa en décrochant.

Mais grand-mère voulait surtout lui en donner:
– Alors là, bravo! elle a dit d'un ton mielleux. J'ai suivi l'épreuve sur l'écran géant

installé au centre-ville. Grâce à toi, le royaume tient enfin sa première médaille : la médaille d'or du sot à skis ! Sot, S-O-T, bien sûr ! elle a conclu en raccrochant.

À l'autre bout du chalet, maman et moi avons échangé un regard déterminé, tout en vérifiant le matériel de ski.

– Demain, a dit maman, je ne viserai qu'une seule chose…

– … L'or olympique ! j'ai conclu avec gravité.

Maman dans le brouillard

Le jour de l'épreuve de maman est enfin arrivé. Jamais le royaume n'avait eu autant d'espoir d'obtenir sa première médaille. Il faut dire que maman ne rigole pas avec la quatrième marche du podium.

Louis-Junior et moi prenions notre petit déjeuner devant la cheminée, quand papa a déboulé en robe de chambre.

– Pas le temps de vous embrasser, les enfants ! il a hurlé. Je suis poursuivi par une avalanche !

L'avalanche, c'était maman. Elle s'est jetée sur papa, a roulé sur le plancher, puis a brandi victorieusement la couronne royale qu'il portait sur la tête.

– Je me sens en forme olympique ! elle s'est écriée en sautant dans ses skis. Rendez-vous au départ de la course, les enfants !

Et elle a disparu comme une flèche entre les sapins.

– Je crois que votre mère est prête pour l'épreuve reine de la compétition, a dit papa en ramassant sa couronne.

Et nous avons vite rejoint le château olympique, pour ne pas manquer la victoire de maman. Toutes les reines étaient réunies au sommet de la montagne. En bas, trois couronnes brillaient au sommet d'un piquet : une couronne d'or, une couronne d'argent, et une couronne de bronze. Chaque reine allait tout faire pour s'emparer de la couronne d'or.

– Quelle reine, votre maman ! a dit papa en sortant son téléphone pour filmer la course.

– Elle va battre tout le monde, comme d'habitude ! j'ai annoncé.

– C'est ça qui n'est pas drôle avec maman, a soupiré Louis-Junior. Elle gagne toujours à la fin.

Les trompettes olympiques ont soufflé dans les sapins. Au sommet, les reines se sont alignées. Soudain, un coup de canon a retenti, annonçant le départ. Au coude à coude avec la reine Georgina, maman a fait un départ fulgurant : on aurait dit qu'elle avait jailli du canon.

– Les enfants, votre mère va remporter l'or olympique ! a dit papa en nous serrant contre lui.

Mais alors qu'elle atteignait le milieu de la piste, un nuage de brouillard a recouvert la montagne. On distinguait à peine le bout de son propre nez.

– Mille dents de couronne ! a rugi papa. Mon téléphone n'y voit plus rien !

– Où est maman ? a chouiné Louis-Junior.

– Ne t'inquiète pas, j'ai chuchoté dans le silence de la brume. Je suis sûre qu'elle n'a pas quitté la couronne d'or des yeux !

Nous avons retenu notre souffle, les yeux plissés dans l'épais brouillard. Il n'y avait plus un bruit dans toute la montagne. Soudain, maman a poussé un hurlement triomphal, juste à côté de nous.

– Je la tiens ! elle s'est réjouie. Je tiens la couronne d'or !

– Tonnerre de sceptre ! a répliqué papa. C'est ma couronne que tu tiens !

– Ta couronne ? s'est étranglée maman.

Un coup de vent a dissipé le brouillard : maman brandissait la couronne de papa. En bas de la piste, la reine Georgina venait d'atteindre le piquet d'or, tandis qu'une autre reine se coiffait de la couronne d'argent. En voyant ça, maman a failli tomber de ses skis.

– Ce n'est pas encore fini ! l'a encouragée papa. Tu peux obtenir la couronne de bronze !

Alors maman a poussé sur ses bâtons de toutes ses forces, mais elle est arrivée quatrième aux piquets.

– Oh, oh ! Maman a perdu ! a commenté Louis-Junior.

– Perdu ? a protesté papa. C'est la première quatrième place de l'histoire du royaume ! Il faut fêter ça, les enfants !

Mais quand maman perd quelque chose, mieux vaut se tenir à distance. Et ne surtout pas la féliciter.

— Bravo, ma reine ! a applaudi papa. Quelle course historique !

— Historique ? s'est étranglée maman, rouge de colère. Une quatrième place ! Je n'ai jamais été aussi humiliée de toute ma vie ! Quel besoin avais-tu de porter notre couronne ?

— Louis-Junior, j'ai chuchoté, j'ai bien l'impression que nous sommes la dernière chance de médaille du royaume.

La famille au grand complet

Ce soir-là, nous avons tenu une réunion de crise au chalet. Il ne restait plus qu'une épreuve pour obtenir notre médaille: le relais de sceptre.

Pendant cette épreuve, les familles royales du monde entier concourent en même temps, et se transmettent leur sceptre jusqu'à la ligne d'arrivée. Le premier à la franchir remporte la médaille d'or.

– Avant d'établir notre stratégie, a dit maman en faisant les cent pas devant le feu de cheminée, il faut élire le capitaine de course. Qui vote pour moi, les enfants?

Avec Louis-Junior, nous avons dévisagé papa et maman.

– Vous ne pourriez pas faire un discours, pour vous départager ? j'ai proposé.

– Excellente idée, ma fleur de lys ! a dit papa en nous faisant un clin d'œil. Mon discours ne sera pas long : Le plus important, c'est de participer !

– Le plus important, a rectifié maman, c'est de gagner la médaille d'or, bien sûr !

– On vote pour maman ! on a dit avec Louis-Junior.

Elle a esquissé un sourire dans la lueur des flammes, avant d'ouvrir son ordinateur sur le rebord de la cheminée.

– Voici le plan de la piste, les enfants. Et voici mon plan de course : votre père partira le premier, le sceptre en main…

– J'assume ce rôle décisif ! s'est vanté papa en s'enroulant dans sa cape rouge.

– … car il nous faudra du temps pour combler son retard, a conclu maman avec autorité. C'est là que j'interviens ! Sur cette partie abrupte, je devrais pouvoir rattraper ce prétentieux roi George. Qui veut se charger du sceptre dans la forêt de sapins ?

– Moi ! j'ai dit en fermant les poings.

– Parfait, ma chérie !

Alors papa, maman et moi avons tourné la tête vers Louis-Junior.

– Mon petit loup, lui a dit maman, ta sœur te donnera le sceptre juste ici, à la sortie des sapins. Tu n'auras plus qu'à foncer dans ce champ de bosses jusqu'à la ligne d'arrivée. Et nous remporterons la victoire !

Tout le monde a applaudi comme si nous avions déjà gagné la course.

– Avec un plan pareil, a dit papa, je ne vois pas comment la médaille d'or pourrait nous échapper ! Comme je dis toujours : c'est quand la famille est réunie que nous sommes les plus forts !

– Exactement ! a lancé une voix stridente. Je vois que j'arrive juste à temps !

La porte du chalet a claqué et une bourrasque s'est engouffrée dans la cheminée.

– Grand-mère ! on s'est écrié avec Louis-Junior.

La mine rayonnante, elle a traversé le salon en jetant ses skis dans les bras de papa.

– Me voilà, les enfants ! Je n'ai pas résisté à l'envie de sauver le royaume ! Pour commencer, elle a dit en se tournant vers papa, tu vas me faire le plaisir de jeter cette horrible tenue de plage au feu ! Tu mettras cette combinaison à fleurs de lys !

En découvrant sa combinaison, papa a semblé aussi furieux qu'un lundi où il porte la couronne. Quant à maman, ses sourcils dorés ont frémi.

– Est-ce que vous avez déjà skié, grand-maman ? elle a demandé, inquiète.

– Une seule fois ! C'était avec Hubert-Grand-Papa ! Mais ça n'a pas duré longtemps : il s'est cassé la jambe en prenant le télésiège, et nous sommes rentrés en ballon dirigeable au château.

Les yeux de maman ont pétillé devant son ordinateur. Elle a soudain refermé l'écran dans un clac sonore.

– Très bien ! elle a dit. Grand-maman, c'est à vous que revient l'honneur de commencer la course !

Grand-mère a paru satisfaite de cette proposition : elle a réclamé un bol de thé en s'installant devant la cheminée.

– Je rattraperai son retard. Comptez sur moi, a chuchoté papa en jetant les skis de grand-mère sur le tas de bois.

À vos marques!

Pour la dernière épreuve des Jeux, les familles royales ont défilé au grand complet dans le château olympique. Assis entre les oreilles de Bozzo, Louis-Junior agitait notre sceptre comme une massue.

Devant nous, la famille du royaume d'à côté arborait fièrement la médaille d'or de la reine Georgina. Quant aux princesses Georgette 1 et 2, elles soulevaient à grand-peine l'énorme sceptre familial.

– Voilà l'homme qui n'est jamais tombé à skis! s'est moqué le roi George en se tournant vers nous.

– J'espère que vous avez mis un caleçon à fleurs de lys sous votre short de bain, lui a répondu papa du tac au tac.

À l'approche de la course, toutes les familles se sont agitées au sommet de la montagne. Au loin, une épaisse forêt de sapins pigmentait la piste. Et plus bas encore, on distinguait la ligne d'arrivée, plus mince qu'un filament doré.

Tandis que les trompettes olympiques retentissaient, chacun prenait la place qu'il devait occuper pendant le relais. La mienne était à l'orée de la forêt. Une fois sur place, j'ai levé les yeux vers le sommet. Juste au-dessus de moi, maman observait la montagne de son œil d'aigle. Elle avait insisté pour que chacun porte une oreillette. Sa voix a grésillé dans nos oreilles.

– Grand-maman, vous nous recevez, tout là-haut ?

Au pied du château olympique, grand-mère avait l'air minuscule à côté de Bozzo.

– Affirmatif ! elle a dit en agitant le sceptre royal.

– Je te reçois moi aussi, a affirmé papa, positionné un peu plus bas que grand-mère, en levant son bâton.

– Alice ? a demandé maman en se tournant dans ma direction. Tout va bien, ma fleur de lys ?

– J'ai des fourmis dans les skis, maman ! j'ai répondu.

Alors, enfin, sa voix a murmuré :

– Louis-Junior, prêt à entrer dans l'histoire du royaume ?

Nous avons entendu un ricanement dans nos casques. Chacun a compris que Louis-Junior était prêt.

Soudain, les trompettes olympiques se sont étouffées. Un silence suffocant a soufflé sur la montagne. Et un coup de canon a retenti.

Louis-Junior a disparu

Comme prévu, grand-mère a foncé tout droit. Ce qui n'était pas prévu, en revanche, c'est que Bozzo prenne le départ de la course avec elle. Au coup de canon, la neige a frémi et l'énorme éléphant a glissé dans la pente, fusant au milieu des autres skieurs. Grand-mère l'a évité de justesse, en passant entre ses pattes.

– Bravo! j'ai crié en agitant les bras. Ça va être à toi de jouer, papa!

Hélas! papa nous avait réservé une surprise.

– Oh non! a murmuré maman.

En cachette, il avait retiré sa combinaison à fleurs de lys pour enfiler son short de bain. Quand grand-mère a vu ça, elle a levé le sceptre royal. Mais, au lieu de le donner à papa, elle l'a aplati sur sa tête. Pendant ce temps, le roi George déboulait devant maman avec un sourire triomphal. Même Bozzo poursuivait tranquillement sa descente.

– Grand-mère, a dit maman avec sang-froid, apportez-moi ce fichu sceptre tout de suite, ou nous allons perdre l'épreuve !

Heureusement, papa a bondi pour arracher le sceptre des mains de grand-mère. Puis il a roulé-boulé dans la pente jusqu'aux chaussures de maman.

– Rattrape le roi George, ma chérie ! il a dit en lui confiant le sceptre royal.

Le temps qu'il se relève, maman était déjà loin, filant comme une flèche et talonnant le roi George. Il est arrivé le premier à la forêt, où l'attendait la reine Georgina, qui s'est élancée à son tour. J'ai tendu la main aussi loin que possible vers maman.

Tout à coup, mon gant s'est refermé sur le sceptre de la famille. J'ai fléchi les jambes pour me faufiler à la poursuite de nos concurrents.

– Tu peux rattraper Georgina, ma chérie ! a dit la voix de maman dans mon oreillette.

– Tu es la meilleure ! m'a encouragée papa.

– Fonce, ma petite Alice ! a braillé grand-mère.

J'ai slalomé entre les épines des sapins à toute vitesse, jusqu'à apercevoir le derrière argenté de la reine Georgina. J'entendais la respiration de toute la famille dans mon oreillette. J'ai profité d'une petite bosse pour doubler Georgina et deux autres reines.

– Louis-Junior, tu es prêt pour le sprint final ? j'ai articulé dans ma cagoule.

Pas de réponse.

– Louis-Junior, tu me reçois ?

Je suis sortie du bois de sapins. Pas de trace de Louis-Junior. La reine Georgina a surgi derrière moi ; les Georgette 1 et 2 ont attrapé chacune une extrémité du sceptre de leur mère, fusant en tandem vers la ligne d'arrivée.

– Louis-Junior ? j'ai appelé désespérément.

– Louis-Junior ! a crié maman. Ce n'est pas le moment de jouer à cache-cache !

Un ricanement a grésillé dans mon oreille. Avant que j'aie pu me retourner, un skieur a jailli dans mon dos, s'est emparé du sceptre royal et a filé sur le dos bosselé de la montagne.

– J'étais allé faire pipi ! a annoncé fièrement Louis-Junior.

– La prochaine fois, l'a houspillé papa, fais pipi dans ta combinaison !

Pendant ce temps, Louis-Junior doublait princes et princesses les uns après les autres. Il semblait voler par-dessus les obstacles.

– Fonce, Louis-Junior ! Fonce ! j'ai rugi.

Il a rattrapé les Georgette. Mais au lieu de les doubler par le côté, il a voulu faire le malin en passant sous le sceptre des deux princesses.

– Attention ! je me suis étranglée.

Georgette 1 a brusquement baissé le sceptre d'un cran, et Louis-Junior l'a percuté de plein fouet.

Il a poussé un cri, avant de s'écraser au milieu des bosses.

Le triomphe de Bozzo

La voix de maman a crépité dans mon oreillette :

– Que se passe-t-il, les enfants ? Je ne vous vois plus !

– Louis-Junior s'est crashé ! j'ai annoncé. Je répète : Louis-Junior s'est crashé !

Un long silence a soufflé sur la montagne.

– Alors la course… est perdue ? a bredouillé maman.

– Attention, les enfants ! a dit la voix de papa. Quelque chose déboule vers vous à toute allure !

Je me suis retournée : Bozzo continuait de dévaler la piste. Il avait dû être ralenti par la forêt de sapins, car il était couvert de branches. Reprenant de la vitesse, il a foncé droit sur Louis-Junior. Il est passé par-dessus lui sans même ralentir.

Dans mon oreillette, papa, maman et grand-mère osaient à peine respirer. Affalé dans la neige, Louis-Junior ne bougeait plus. Soudain, sa voix a grésillé :

– J'ai transmis le sceptre à Bozzo !

– Quoi ? a murmuré maman.

– Retournement de situation ! j'ai crié sans oser y croire. Bozzo continue la course !

L'éléphant brandissait le sceptre au bout de sa trompe. Il était si énorme qu'il aplatissait les bosses comme une dameuse. Alors toute la famille s'est mise à acclamer une peluche.

Au trompe à coude avec les Georgette, le doudou de Louis-Junior gagnait du terrain.

Son ombre a brusquement recouvert les petites princesses. Georgette 1 a lâché l'extrémité du sceptre et Georgette 2, emportée par son élan, s'est emmêlée dans les filets de sécurité. Alors Bozzo a franchi triomphalement la ligne d'arrivée.

– Je ne peux pas le croire ! a dit la voix émue de maman. Est-ce que nous avons vraiment gagné notre première médaille ?

– Une médaille de bronze ! j'ai prévenu. Deux autres familles sont arrivées avant nous.

Maman a surgi du bois de sapins.

– Une médaille de bronze ! elle s'est exclamée. Mais c'est merveilleux, ma chérie. C'est la toute première médaille de l'histoire du royaume !

Et elle m'a serrée dans ses bras, avant de relever Louis-Junior.

– Où sont papa et grand-mère ? il a demandé fièrement.

Des « tonnerres de sceptre » ont grondé dans nos oreilles et nous avons levé des yeux inquiets vers les sapins.

— Allons chercher notre médaille, les enfants ! s'est réjouie maman.

Le plus difficile, ç'a été de trouver un podium assez grand pour accueillir un éléphant. Papa et maman ont soupiré d'émotion quand les trompettes olympiques ont joué l'hymne du royaume. Même grand-mère a versé une petite larme.

— Dignité et respect, dans la défaite comme dans la victoire, les enfants ! C'est le plus important, a dit papa avec un grand sourire, en filmant la famille du royaume d'à côté qui nous applaudissait.

Avant le départ, nous avons échangé une révérence avec les Georgette, puis nous avons bondi dans la cabine de l'hélico royal. Tout le monde avait hâte de rentrer à la maison.

Un accueil royal

Le voyage du retour a été silencieux. Louis-Junior et papa se sont même endormis dans leur fauteuil. C'est quand nous avons aperçu les tours du château, un peu plus tard, qu'un tonnerre d'applaudissements les a réveillés.

La place du centre-ville était noire de monde. Pendant ce temps, Bozzo se balançait fièrement sous l'hélicoptère, le sceptre à la trompe.

– Pour une fois que le royaume se réunit pour nous applaudir, ça fait chaud au cœur ! a bâillé papa en faisant coucou de la main.

– En plus, j'ai chuchoté à son oreille, tu vas pouvoir profiter de cette semaine sans porter la couronne ! C'est maman qui se chargera des discours au balcon, du défilé sur le dos de Bozzo et de tout le train-train protocolaire.

Papa a eu un sourire rêveur. Il a bondi le premier de l'hélicoptère, quand celui-ci a atterri sur le balcon royal. Louis-Junior et moi nous sommes penchés à la balustrade. Grand-mère aussi a pris sa part des hommages.

C'est en sentant une tempête souffler dans notre dos que j'ai tourné la tête. L'hélicoptère royal redécollait, en emportant Bozzo.

– Je vais bronzer sur une île déserte ! a crié maman tout sourire au poste de pilotage. Bonne semaine, mes chéris !

– TONNERRE DE SCEPTRE ! a rugi papa.

Mais il n'avait pas dit son dernier mot.

– C'est ton tour de porter la couronne ! il a protesté en s'accrochant à une patte de Bozzo.

L'hélicoptère a continué son vol, sous les vivats de la foule. Grand-mère nous a entourés de ses bras en murmurant :

– Je me demande quelle tête fera votre mère quand elle découvrira qu'elle est seule sur une île déserte avec Bozzo… et votre père !

– Moi aussi, je veux bronzer sur une île déserte ! a chouiné Louis-Junior.

– Qui va porter la couronne, maintenant ? j'ai demandé à grand-mère.

Elle a souri en sortant deux petits paquets de nos bagages.

– Cette semaine, les enfants, c'est vous qui porterez la couronne. Il est temps que vous vous comportiez en vrais prince et princesse.

– Oh, non ! Pas la couronne ! on a hurlé avec Louis-Junior.

Et nous nous sommes enfuis dans le château, pour une partie de cache-cache royale.

L'AUTEUR ET L'ILLUSTRATRICE

Christophe Mauri est né en région parisienne en 1987. Il rêve très tôt d'écrire pour la jeunesse et il adresse son premier manuscrit aux Éditions Gallimard Jeunesse à l'âge de treize ans.
C'est au cours de ses études de lettres à Paris qu'il commence la saga *Mathieu Hidalf.*
Depuis, Christophe se consacre à sa passion pour l'écriture.

Aurore Damant est née en 1981 à Beauvais. Diplômée de l'école des Gobelins en animation, elle travaille ensuite une dizaine d'années pour différents studios avant de se lancer dans l'illustration pour enfants (presse, édition).

La famille ROYALE

VACANCES EN CHÂTEAU PLIABLE

« Non, non, non ! Pas de pluie pendant l'été ! » crie la foule en colère. Alors papa, qui est le roi, a promis le soleil et dès le lendemain, il nous a emmenés en vacances au bord de la mer, maman, mon petit frère Louis-Junior et moi, Alice. Sans oublier Bozzo, l'éléphant en peluche ! On allait faire du camping pour la toute première fois…

Maquette: Karine Benoit

ISBN: 978-2-07-060390-9
N° d'édition: 302295
Loi n° 49-956 du 16 juillet 1949
sur les publications destinées à la jeunesse
Dépôt légal: octobre 2016